NEGÓCIOS SEM CRISE

MELHORE OS RESULTADOS DE SUA EMPRESA E EVITE
AS ARMADILHAS QUE PODEM ARRUINÁ-LA

ARTUR LOPES

NEGÓCIOS SEM CRISE

MELHORE OS RESULTADOS DE SUA EMPRESA E EVITE
AS ARMADILHAS QUE PODEM ARRUINÁ-LA

Presidente
Henrique José Branco Brazão Farinha

Publisher
Eduardo Viegas Meirelles Villela

Editora
Cláudia Elissa Rondelli Ramos

Projeto Gráfico e Editoração
S4 Editorial

Capa
Listo Comunicação

Preparação de Texto
Sandra Scapin

Revisão
Heraldo Vaz

Impressão
Forma Certa

Copyright © 2012 *by* Editora Évora Ltda.
Todos os direitos reservados. Nenhuma parte pode ser reproduzida ou transmitida em nenhuma forma ou meio, eletrônico ou mecânico, incluindo fotocópia, gravação ou qualquer sistema de armazenagem e recuperação sem permissão por escrito da editora.

Rua Sergipe, 401 — Cj. 1.310 — Consolação
São Paulo — SP — CEP 01243-906
Telefone: (11) 3562-7814/3562-7815
Site: http://www.editoraevora.com.br
E-mail: contato@editoraevora.com.br

DADOS INTERNACIONAIS DE CATALOGAÇÃO NA PUBLICAÇÃO (CIP)

L85n

Lopes, Artur
   Negócios sem crise: melhore os resultados da sua empresa e evite as armadilhas que podem arruiná-la/ Artur Lopes. – São Paulo: Évora, 2012.

   126 p. : il. ; 23 cm.

   ISBN 978-85-63993-47-2

   1. Administração de empresas. 2. Sucesso nos negócios. 3. Administração de crises. I. Título.

CDD-658.4056

*Este livro é dedicado à Adriana, Beatriz,
Conceição, Gabriel e Santino.*

Este novo livro só foi possível graças a uma equipe que me ampara, assim fica registrada a minha gratidão ao Abner Nogueira, à Andreia Beloni, ao Andres Maizer, ao Artur Boscariol, à Cinthia Fagundes, à Claudia Fraga, ao Giuliano Rufino, ao Jorge Silveira, ao Luiz Augusto, ao Marco Cotomacio, ao Paulo Cesar Santos, ao Rubens Nascimento e, principalmente, ao Marcos Freitas.

SUMÁRIO

Prefácio xiii

Apresentação xvii

Introdução xxi

Instaurado o caos, o que fazer? 1

Boa gestão une o exato ao imprescindível 5

Dilemas do devedor honesto 9

Abordagem no combate a crises 13

Acompanhar custos é essencial 17

Lead time, uma variável financeira 21

A quem recorrer quando o banco recusa
   a operação? 25

Mudança, eis o nome do jogo 31

O que produzir? 35

As metas superam os desejos. 39

Autofinanciamento para empresas 43

Empresa familiar: qual é a hora certa de
  profissionalizá-la?. 47

Indecisão e fracasso caminham juntos. 51

Empresa deve equilibrar seu *mix* de produtos 55

Aumento de faturamento: quando o remédio
  pode se tornar um veneno 59

Quando o mal é bom e o bem é cruel. 63

As incertezas da sucessão empresarial 67

Economia nas nuvens, pés no chão. 71

As médias e complexas empresas 77

Quer superar a dificuldade financeira?
  Tenha disposição para negociar. 81

A recuperação judicial é a solução? 87

Quem se interessa pela empresa em crise? 91

Encerramento 95

Posfácio. 99

Agradecimentos. 101

Ou se tem chuva e não se tem sol
ou se tem sol e não se tem chuva!
Ou se calça a luva e não se põe o anel,
ou se põe o anel e não se calça a luva!
Quem sobe nos ares não fica no chão,
quem fica no chão não sobe nos ares.
É uma grande pena que não se possa
estar ao mesmo tempo em dois lugares!
Ou guardo o dinheiro e não compro o doce,
ou compro o doce e gasto o dinheiro.
Ou isto ou aquilo: ou isto ou aquilo . . .
e vivo escolhendo o dia inteiro!
Não sei se brinco, não sei se estudo,
se saio correndo ou fico tranquilo.
Mas não consegui entender ainda
qual é melhor: se é isto ou aquilo.

CECÍLIA MEIRELES

PREFÁCIO

Vida empresarial, aprendizado permanente

O dia a dia das empresas requer de seus administradores atenção permanente. Não são poucos os casos em que, a despeito de uma situação favorável de mercado, uma escolha e/ou sua viabilização resultam em mau investimento por parte daqueles que acreditaram no potencial do projeto. A gestão competente se baseia no direcionamento de seus gestores e, nesse sentido, estar sempre alerta é requisito essencial. A diversidade de ações necessárias que o gestor precisa enfrentar para tocar sua empresa, com complexidades distintas, exige mobilização. A dedicação, a capacidade de tomar decisões em prazos adequados, o conhecimento dos processos envolvidos e a qualidade das relações interpessoais que o gestor é capaz de manter e fomentar são pré-requisitos para quem pretende estar à frente dos negócios. Surpresas nunca faltarão na vida de gestores.

NEGÓCIOS SEM CRISE

O livro de Artur Lopes aborda temas atuais da vida empresarial e debate questões essenciais de negócios e de empresas, sugerindo medidas a serem adotadas. A partir de bons e maus momentos por que passam as empresas, mostra como o empresário de sucesso se diferencia dos demais por seu comportamento empreendedor, caracterizado por sua ousadia, coragem e responsabilidade para assumir riscos, sempre aliado a muito comprometimento. O empresário deve manter o foco em seus negócios.

Artur Lopes foge aos padrões tradicionais desse tipo de leitura, em geral mais técnica, maçante e presa a lugares-comuns. Seus artigos costumam subir o pano do palco da vida real, em que mocinhos e bandidos dividem a cena e, muitas vezes, se confundem a tal ponto que não se consegue distinguir um do outro.

Entender o mundo corporativo não é tarefa das mais fáceis, pois varia de país para país. O Brasil está amadurecendo em diversas frentes. Com sua realidade socioeconômica e política, nosso país é diferente de países como os Estados Unidos e o Japão, e tende a um aperfeiçoamento no cenário do segundo milênio. As relações aqui ainda são muito complexas, mas o empresário brasileiro tem demonstrado capacidade de inovar e de se adaptar a intempéries com soluções inéditas.

Como conselheiro de fundos de *private equity* e presidente de empresas engajadas na modernidade global, com atuação pautada na sustentabilidade, assessorando e provendo alternativas integradas de investimentos, bem como serviços e soluções financeiras, técnicas e operacionais nos setores de infraestrutura, logística, energia, óleo e gás, etanol e mineração, enfatizo ser primordial conhecer cada aspecto do ambiente empresarial, onde quer que se atue. Este posicionamento sempre foi adotado pelos

PREFÁCIO

executivos do nosso grupo. Gerir uma empresa requer conhecimento, experiência e, fundamentalmente, bom senso – atitudes importantes para gerenciar riscos, prevenir crises e solucioná-las de forma eficiente.

Nesse sentido, partilhamos a mesma visão macro e micro do autor, quando ele discorre sobre os principais problemas enfrentados por uma empresa em crise e as devidas soluções para estancar a sangria e levar novamente a companhia a operar no azul.

Para administradores e gestores mais novos, o livro certamente se tornará uma inesgotável fonte contumaz de consulta; para os mais experientes, um enriquecedor agente de novas ideias e conceitos, constituído por um moderno estilo de ver, sentir, analisar e resolver uma crise corporativa, além de nos conduzir a rememorar histórias vividas sobre quanto nos custou e custa a experiência e o contínuo aprendizado.

Sob esta ótica, ele demonstra que o empresário deve sempre estar atento às mínimas variações de rota, aprendendo a aguçar todos os seus sentidos com a experiência. Tudo isso, de olhos bem abertos.

Luiz Alberto Maktas Meiches
Engenheiro Civil e Doutor em Meio Ambiente
Chairman do Diamond Mountain Capital Group
Presidente do Grupo MKR

APRESENTAÇÃO

Ao modificar um padrão de trabalho adotado por mais de uma década, decidi que, além de atuar intensamente nos processos de *turnaround*, nos quais sempre é possível aprender diante de situações novas, colocaria no papel algumas ideias que me pareceram bastante oportunas sobre crise de gestão e gestão de crise, em que o primeiro episódio normalmente desagua no segundo.

Alguém já disse, com muita propriedade, que *felicidade é algo naturalmente multiplicado ao ser dividido*, raciocínio este que, invariavelmente, também se aplica ao conhecimento. Exemplo disso é a elaboração da série de artigos que deu origem a este livro – quando me propus a escrever sobre alguns conceitos, pude consolidá-los, ou seja, ao pretender divulgar o que julgava dominar plenamente, aprendi ainda mais.

Minha intenção ao abordar temas que considero oportunos, nunca foi proclamar verdades absolutas, mas sim contribuir com

NEGÓCIOS SEM CRISE

um debate amplo sobre questões relevantes que vêm à tona nos momentos críticos de uma organização.

A literatura nacional sobre a superação de crises financeiras é escassa e, por outro lado, as lições que vêm de fora não são totalmente aplicáveis aqui, em razão de peculiaridades, como o sistema de tributação, o perfil das linhas de crédito locais e até mesmo as flagrantes idiossincrasias do sistema jurídico brasileiro. Enfim, nossa realidade é única.

Outro aspecto que me motiva a escrever sobre esse tema é a ausência do tratamento de assuntos cotidianos por parte da comunidade de reestruturadores de empresas. Fala-se muito em governança corporativa, mudança de cultura, aperfeiçoamento legislativo, etc. A discussão se dá sempre em um macrocosmo, sempre a respeito de questões genéricas, e raras vezes sobre questões práticas, como o estudo da carteira de vendas, a relevância do *lead time*, o bom aproveitamento do capital de giro, as estratégias de fundiamento das operações, a adequação do *mix* de produtos em uma empresa em crise, e assim por diante.

Abordar o lado subjetivo da crise, então, chega a ser inédito, permanecendo intocados temas como a pressão dos credores sobre o empresário em um momento de dificuldade; seus dilemas, suas hesitações e seus medos; e as formas de enfrentar a escassez cotidiana. As angústias decorrentes de uma crise, entretanto, não são vividas com exclusividade pelo empresário, a derrocada de uma empresa impacta, às vezes severamente, a vida de dezenas, centenas e até mesmo de milhares de pessoas. São funcionários com salários em atraso ou dispensados sem receber as verbas rescisórias, fornecedores que veem sua solidez abalada pelo *default*, clientes desabastecidos de produtos para girar suas

APRESENTAÇÃO

operações. Em suma, um quadro dessa ordem tem potencial devastador sobre uma gama de atores e agentes que merecem respeito, consideração e muita clareza para que possam avaliar e participar ativamente do processo, planejando a sua trajetória, dentro ou fora desse contexto.

Assim, para todos que estão imersos numa situação de crise o conhecimento dos números não é suficiente, é necessário também que se compartilhe o conteúdo e a abrangência das medidas corretivas e de seus impactos. Não lidamos, quando a dificuldade financeira se impõe, apenas com dados, mas também com pessoas

É justamente a dimensão humana disso tudo que me atrai. A mediação de incontáveis interesses conflitantes de tal modo que, no futuro, a maioria deles se preserve – é uma missão altamente gratificante, quase uma recompensa em si mesma.

INTRODUÇÃO

Nossa vida é repleta de opções. Escolhemos a roupa que nos servirá de armadura ao longo do dia, o que pedir no almoço, o trajeto a ser feito para chegar ao trabalho e, ali estando, somos forçados a optar por muitas outras coisas.

Ninguém, de boa fé e sã consciência, toma decisões para prejudicar a si mesmo ou a organização a que serve. Até por isso, se pudéssemos antever os resultados de nossas ações, certamente evitaríamos algumas delas. Desse modo, a melhor forma de prevenir tropeços é conhecer os possíveis cenários decorrentes de nossos atos e omissões no dia a dia corporativo.

As empresas, muitas vezes, não possuem um capital humano apto a lidar com aspectos sensíveis de sua atividade, seja em uma circunstância de crise, seja em plena normalidade.

A melhor "vacina" para que o organismo empresarial não "adoeça" – e ao mesmo tempo o "remédio" para o caso de já estar "enfermo" – é a informação.

Essa convicção me levou, a partir de 2010, a ampliar os limites de minha atuação profissional, procurando escrever sobre temas que impactam a perpetuidade das organizações, o que invariavelmente implica a superação de várias "doenças".

Este livro é uma coletânea de artigos, a maioria já publicados em jornais ou sites de economia e negócios, que gira sobre dois eixos: a crise da gestão e a gestão da crise.

Em alguns casos introduzi pequenas modificações nos textos originalmente publicados, a fim de melhorar sua compreensão e abrangência, e até mesmo para atualizá-los.

As ambições, tanto do autor quanto da obra, são modestas: difundir determinados conceitos, lançar algumas ideias e registrar aspectos objetivos e subjetivos da gestão de uma empresa ou do processo de restabelecimento de sua saúde financeira.

Vale frisar, também, que o público-alvo desta obra são os empresários, os executivos e os trabalhadores em geral, que poderão, talvez, entender algumas facetas do processo de gestão da crise pela qual sua empresa estiver passando ou evitar que uma crise de gestão se instale.

Desde que comecei a escrever sobre a superação de crises financeiras, tenho obtido amplo e gratificante reconhecimento como retorno por parte expressiva desse contingente de empreendedores que desejo atingir. Já perdi a conta de quantos deles me disseram: "Você deve ter informações da minha empresa, pois a descreveu com perfeição...".

Espero, novamente, alcançar essa verdadeira proeza e poder ajudar o empresário, especialmente aquele que estiver em crise, a optar pelo que deseja para si, para os seus, e para a sua organização, ou seja, se ele quer *isto* ou *aquilo*.

Negócios sem crise

INSTAURADO O CAOS, O QUE FAZER?

INSTAURADO O CAOS, O QUE FAZER?

Um cenário de crise costuma gerar a mais profunda sensação de insegurança por envolver uma jornada de destino incerto, pródiga em aniquilar referências, certezas e, não raro, abalar a identidade e a autoconfiança de seus protagonistas.

Além de danos evidentes à paz de espírito, compromete também o discernimento, a fé e, por conseguinte, a capacidade de olhar de modo racional e isento os dilemas cotidianos.

Aplicável a episódios de natureza pessoal, aos quais todos estamos sujeitos, a crise assume características peculiares em questões de ordem profissional, sendo a crise financeira a mais relevante, em especial quando o que está em jogo é a vida de uma empresa.

A eclosão de uma crise financeira aguda, em geral, resulta de situações bem peculiares, tais como um endividamento incompatível com a capacidade de pagamento, *mix* de produtos não sintonizado com a demanda, inobservância de padrões técnicos para formação de preço, disso resultando a falta do capital de giro mínimo para manter o funcionamento regular da companhia

Uma vez instaurado o caos, o que deve ser feito, de forma geral, é adotar três linhas de ação simultâneas e interdependentes e concomitantes: alongamento do passivo, reestruturação da operação e atração de novos capitais.

Se os recursos forem obtidos, mas o passivo não for negociado, a empresa mais uma vez verá sua operação deteriorar-se, com falta de capital de giro, pois os recursos exigíveis no curtíssimo prazo certamente irão drenar esses valores.

Da mesma forma, caso a estrutura não seja diminuída, qualquer novo montante alocado será utilizado para financiar a ineficiência operacional e, passado algum tempo, a voracidade dos gastos também deixará o caixa à míngua.

Qualquer recurso adicionado à operação, sem que a estrutura seja diminuída e o passivo tratado, pode resultar em um esforço inócuo. São muitos os casos em que o empresário se desfaz de bens, muitas vezes de todo o patrimônio pessoal, e a injeção de tais recursos na empresa representa um alívio temporário, nunca uma solução definitiva.

Porém, finalmente, se não ingressarem novos recursos, a empresa entrará em colapso e o acionista terá apenas duas alternativas: ou se desfaz do negócio a qualquer preço ou assiste silenciosamente à decretação da quebra.

Em linhas gerais, com raríssimas exceções, para superar uma crise é necessário trabalhar com afinco e atuar de maneira simultânea no alongamento do passivo das empresas, na obtenção de novos recursos e na racionalização da estrutura para que o panorama adverso seja ultrapassado e possa se operar a recuperação, a consolidação e a ampliação do negócio.

Vivo repetindo que não há fórmulas prontas para processos de reestruturação. Cada negócio exige um profundo estudo de suas peculiaridades, porém esses caminhos merecem ser conhecidos, debatidos e trilhados, posto que fora deles o colapso é praticamente certo.

BOA GESTÃO UNE O EXATO AO IMPRESCINDÍVEL

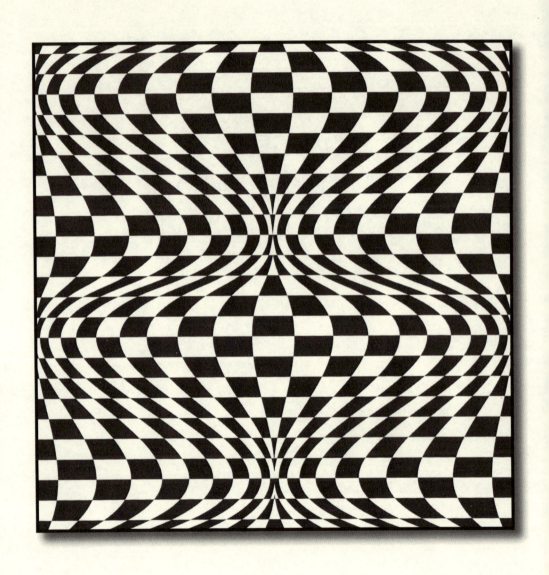

BOA GESTÃO UNE O EXATO AO IMPRESCINDÍVEL

Confesso que, na infância, muito me intrigava a conhecida frase "Navegar é preciso, viver não é preciso", algo perfeitamente aceitável, convenhamos, em se tratando de alguém com vivência então suficiente para entender, quando muito, o teor literal das coisas. Anos depois, já no mundo corporativo, ficaria fácil perceber que ambos os significados do verbo precisar (exatidão e necessidade) podem – e devem – ser considerados em plenitude quando o assunto em pauta é boa gestão. O que ainda se vê, no entanto, é um número espantoso de empresas em que nenhum dos sentidos habilmente manejados por Fernando Pessoa é tratado com a devida atenção, dando lugar – isso sim – à perigosa mistura entre falta de planejamento e ausência absoluta de ferramentas adequadas para o estabelecimento de controles.

Como resultado, tal conduta tem sido pródiga em gerar sobressaltos a cada balanço, deixando frequentemente à deriva não só os gestores dessas estruturas como também equipes, fornecedores, clientes e tantos mais que dependam, diretamente ou não, de sua capacidade de produzir e gerar riquezas.

Mesmo não sendo um primor na forma de fazer negócios, a organização que se dê ao trabalho de ao menos controlar seriamente os resultados obtidos tem total condição de agir a tempo quando a luz amarela acende, indicando prejuízo na operação cotidiana ou acúmulo de passivos onerosos e desnecessários, por exemplo. Quando esses sinais inquietantes são percebidos e analisados a tempo, quase sempre é possível rever processos e estratégias antes que situações extremas se instalem – quadro com o qual tenho me deparado frequentemente ao atuar na recuperação de empresas dos mais diversos portes e naturezas.

Na maioria esmagadora dos fracassos iminentes, o investimento em Recursos Humanos e, principalmente, em sistemas é tido como um ônus, o famoso mal necessário para, no máximo, garantir o cumprimento de obrigações trabalhistas e fiscais, porém sem levar em conta o aproveitamento do que se investe nessas áreas para melhorar desempenhos, além de perpetuar nomes e marcas.

Em circunstâncias assim, em vez do brilhantismo característico da boa poesia, o que prevalece é uma cultura equivocada, que menospreza não apenas números, mas também outros valores indispensáveis à verdadeira grandeza empresarial.

Preso a conceitos antigos e à sensação de onipotência que muitas vezes toma conta de quem começou um empreendimento e teve sucesso ao superar fortes turbulências, o empresário que prefira insistir na condição de aventureiro dificilmente deixará de ser o protagonista de verdadeiras tragédias, mesmo que, do lado de fora, o espetáculo em cartaz seja o do crescimento.

DILEMAS DO DEVEDOR HONESTO

DILEMAS DO DEVEDOR HONESTO

Estar em débito não é algo fácil para quem tem sólidos princípios e, muitas vezes, um histórico de toda uma vida no cumprimento de suas obrigações. A palavra empenhada – para determinados empresários – é mais valiosa até do que qualquer documento escrito.

Entretanto, não raro, a vida nos prega algumas peças e, em determinado momento, pelas mais diversas circunstâncias, alguns empresários perdem o fôlego financeiro e não conseguem adimplir com suas obrigações. Ao serem cobrados, premidos por alguma dificuldade financeira, acabam por tentar quitar as dívidas de maneira atabalhoada, sem planejamento, pois querem "se livrar" desse tormento pagando suas contas e honrando seus compromissos.

Frequentemente, porém, o que acalma a consciência do empresário não é melhor opção para a empresa. Nesses casos, ele deve ser convencido de que, para liquidar suas dívidas, muitas vezes é necessário renegociá-las de maneira firme, para que as condições de pagamento caibam no caixa e a solução seja definitiva.

Os ajustes paliativos e pontuais – quando implementados – acabam por redundar em um mal ainda maior, pois geram um círculo vicioso, no qual a confiança e a credibilidade são minadas, não uma vez, como no caso de uma negociação mais rigorosa, mas várias e várias vezes, em uma sucessão de desgastes. Outra faceta dessa aversão à dívida é aquela em que o empresário, ao contrário de buscar financiamentos para a aquisição de maquinário e ampliação dos negócios, acaba utilizando recursos do capital de giro para não ficar endividado.

Essa postura, além de ingênua, pode ser extremamente perniciosa, pois a imobilização de recursos e o investimento mal planejado são fatores clássicos de derrocadas empresariais. Hoje, para ser bem-sucedido, o empresário deve estar informado de suas obrigações e se empenhar sempre para criar condições de solvê-las, e não agir de maneira precipitada, a pretexto de atender sua consciência.

O tempo do voluntarismo puro ficou pra trás. É necessário ter ímpeto e senso de empreendedorismo, sim, mas no ritmo que o mundo anda, com exigências cada vez maiores, é fundamental ter-se o planejamento – inclusive de gestão – ao lado do ímpeto, formando assim o senso prático. O empresário consciente pensa no reflexo de sua conduta na saúde financeira da companhia e na maneira como poderá saldar o que deve de modo seguro e planejado. Já aquele que pretende atender em primeiro lugar à sua consciência, apesar de bem intencionado, não deixa de ser egoísta em alguma medida, por preterir o interesse coletivo – da empresa – em prol do seu, particular.

ABORDAGEM
NO COMBATE A CRISES

ABORDAGEM NO COMBATE A CRISES

"Nenhum homem é uma ilha", escreveu, no século XVI, o poeta inglês John Donne, em pleno auge do Renascimento na Europa, continente que mais tarde seria o nascedouro da Revolução Industrial. Este pensamento emblemático ainda hoje se mantém atual, principalmente quando o transportamos para o mundo corporativo. Parafraseando o pensador, nenhum departamento é uma ilha ou um fim em si mesmo. Infelizmente, a esmagadora maioria das empresas ainda se comporta como um organismo gigante, repleto de pequenos feudos enclausurados, que tentam desesperadamente proteger seus interesses.

Se, na teoria, o organograma da empresa deveria traduzir seu modelo de funcionamento, com hierarquias bem definidas, na prática não é o que ocorre. Normalmente, o diretor-industrial protegerá os interesses da sua atividade, enquanto o gerente-comercial protegerá os da sua, ou seja, produzir e vender mais, independentemente do resultado. Paralelamente, o gestor de RH vai procurar, efetivamente, um melhor ambiente de trabalho para todos os funcionários, o que é lícito. Dependendo do seu cacife com o alto escalão, tentará conferir aos colaboradores benefícios que, às vezes, a empresa não comporta.

Cada gestor está acostumado a defender os interesses do seu nicho de atuação. Essa atitude não é ilegítima nem inadequada, mas deve ser feita à luz de um entendimento do que é melhor globalmente para a empresa, não apenas para o seu departamento em particular. Em um momento de crise, a ausência de uma visão sistêmica do empreendimento – com metas harmônicas – pode representar a falência da organização. Em anos de experiência como gestor de crises, tenho a convicção de que o único modo de superar as dificuldades é promovendo uma abordagem multidisciplinar para que a normalidade retorne.

Ao contrário de tratar a crise apenas no âmbito financeiro – o que se dá com frequência –, é necessário engajar todos os departamentos da empresa no processo de sublimação da dificuldade. Assim, a produção deverá diminuir os *lead times* e observar a carteira de pedidos, de modo a não criar estoques; o departamento comercial deverá "travar" seus preços, de modo a impedir que as "condições especiais" concedidas aos clientes redundem em prejuízo; a área de suprimentos deverá negociar à exaustão com os novos e atuais fornecedores; e o departamento financeiro deverá obter os recursos necessários para o giro do negócio.

A sublimação de uma dificuldade financeira nunca é resultado de protagonismos individuais, mas de uma integração entre todos os departamentos, ou seja, da soma dos esforços empreendidos em um único sentido.

ACOMPANHAR CUSTOS É ESSENCIAL

ACOMPANHAR CUSTOS É ESSENCIAL

Um velho chavão na área de consultoria diz que o custo deve ser tratado da mesma forma que as unhas: ambos demandam cortes constantes. Apesar do clichê, trata-se de grande verdade, mas nem sempre levada a sério pelos empresários, exceto por aqueles com perfil mais conservador. O fato de deixar em segundo plano o acompanhamento dos valores desembolsados mensalmente pode levar a empresa a entrar em franca derrocada.

Para entender melhor a gravidade desse problema, basta dizer que é comum o empresário se comportar como alguém com diabetes ou hipertensão que não sabe da doença, ou seja, o mal age silenciosamente, e só se sentirão seus efeitos mais drásticos quando houver necessidade de um procedimento cirúrgico, muitas vezes deixando marcas indeléveis – no corpo e na mente.

Assim, o constante acompanhamento dos custos de uma empresa é tão importante quanto o esforço comercial empreendido para colocar os produtos no mercado ou quanto a boa administração fabril, que possibilitará o menor *lead time* para a produção.

A falta de acompanhamento de custos, por deprimir a margem do negócio silenciosamente, é prodiga em originar ou agravar situações de crise.

Quando se chega à crise ou quando ela é potencializada, ou, ao contrário, precisamente quando se pretende evitá-la, a melhor saída é realizar um planejamento que privilegie o mapeamento permanente de custos fixos e a implementação de um acompanhamento constante da evolução dos principais itens da curva ABC de compras. Aliás, cabe ao bom dirigente – apesar de delegar atribuições – debruçar-se sobre o assunto periodicamente, cobrando do comprador, do diretor ou do gerente de suprimentos, de acordo com o porte da empresa, a entrega de relatórios específicos sobre a matéria.

A criação de ferramentas de acompanhamento e as constantes cotações evitam gastos desnecessários que podem diminuir a margem de lucro da empresa e, consequentemente, sua capacidade de honrar compromissos e gerar riqueza.

O desafio mais básico de qualquer empresa que se pretenda saudável é acompanhar o valor desembolsado mensalmente nos custos fixos da operação e das principais matérias primas.

LEAD TIME, UMA VARIÁVEL FINANCEIRA

LEAD TIME, *UMA VARIÁVEL FINANCEIRA*

Um dos fatores decisivos para o sucesso ou o fracasso de uma empresa é a gestão adequada do *lead time* de sua operação, termo em inglês que deve ser entendido como o intervalo de tempo decorrido desde a entrada da matéria-prima na operação até sua expedição como produto final. O *lead time* quase sempre é acompanhado pelo departamento de Planejamento e Controle de Produção (PCP), e poucos profissionais dentro de uma indústria o conhecem em detalhes ou contribuem para sua racionalização.

A difusão e o compartilhamento das informações relativas à gestão do *lead time* produtivo são ações que constituem medida de grande utilidade em qualquer empresa. Esse aspecto é altamente relevante para a atividade industrial, adquirindo mais importância ainda quando há escassez de recursos e, consequentemente, uma crise.

Nesses momentos, em que impera a dificuldade, é necessário fazer mais e melhor com menos. Como atuo na gestão de crises financeiras e operacionais, afirmo sem medo que o PCP – setor em que, normalmente, *lead time* operacional é gerenciado – constitui o verdadeiro coração de uma operação industrial. Se uma situação de normalidade já demanda atenção especial com essa variável, em situação de crise tal cuidado deve ser redobrado. Assim, devem ser analisadas a fundo todas as etapas da operação, suprimindo, dentro das possibilidades, gargalos, retrabalhos e deficiências, uma vez que o processo de transformação da matéria-prima em produto final deve ser rápido. A equação é simples: quanto menor o *lead time*, menos capital de giro será exigido para os negócios.

Poucos empresários conhecem ou mesmo acreditam nessa matemática, mas ela é verdadeira, e geralmente quem não faz essa "lição de casa" acaba sendo reprovado na escola da vida empresarial. Para muitos, a obsessão pela redução do tempo de produção pode soar como preciosismo do diretor de fábrica, um capricho desnecessário. Globalmente, a organização não consegue enxergar a importância desse aspecto ou como ele repercute positiva ou negativamente na saúde financeira da empresa. Em essência, a gestão do *lead time* precisa ser entendida não como um aspecto meramente logístico, mas financeiro, sendo fundamental para a vida da empresa.

Muitos que não conseguem manter em funcionamento esta matemática simples costumam ter de recorrer a algum tipo de expediente para "apagar incêndios" entre os setores de produção e de vendas. A gestão adequada do *lead time* é, portanto, sinônimo de mais capital de giro disponível e de menor necessidade de ir ao mercado buscar o já escasso crédito, o que se torna particularmente mais difícil em um momento de crise. Por isso, muitas vezes, a defesa do caixa e a melhoria dos índices financeiros estão longe dos gabinetes, das baias e do conforto da temperatura controlada dos escritórios. O bom gestor, inclusive o da área financeira, deve ser capaz de entender e de criticar construtivamente todos os aspectos de uma operação industrial, pois, do contrário, se limitará a uma atitude contemplativa de tudo aquilo que, por ventura, for deficiente e carecer de melhorias.

A QUEM RECORRER QUANDO O BANCO RECUSA A OPERAÇÃO?

Historicamente apartadas das linhas de crédito por conta dos juros abusivos e pela burocracia existente, as micro, pequenas e médias empresas brasileiras ainda derrapam na gestão de seu caixa em razão dessa escassez de limites. Considerada acanhada para o tamanho de nossa economia – podendo ficar ainda mais por causa da crise financeira mundial –, a oferta de crédito no país está calcada quase sempre em garantias reais, ou seja, imóveis, máquinas e automóveis, ou em garantias de títulos de crédito, dentre os quais descontos de cheques e duplicatas.

Assim, para muitos, completamente alijados do sistema financeiro formal, a discussão atual sobre o patamar dos juros no país nem é tão relevante, pois em um primeiro momento, para grande parte dessas empresas, tão importante quanto o custo é o acesso ao crédito, pois as instituições financeiras pouco ou nada se expõem.

Em razão disso, o mercado financeiro nacional constitui uma indústria bancária com baixíssimo risco sistêmico e mais confiável do que os mercados de outros países. Esse fato é positivo por essa ótica, mas negativo por outro prisma, pois essa segurança deriva de uma timidez na concessão de crédito, da qual, por consequência, a economia como um todo se ressente. Com esse quadro, em que altas taxas de juros convivem com imensas "tarifas" que escondem o verdadeiro custo do capital, com burocracia na concessão dos recursos e com exigências cadastrais, as empresas estão acordando para o fomento mercantil e para os Fundos de Investimento em Direitos Creditórios (FIDCs), em muitos casos bem mais acessíveis que os bancos.

A obtenção de recursos nessas operações movimenta cerca de R$ 80 bilhões ao ano no país e se caracteriza essencialmente

NEGÓCIOS SEM CRISE

pela aquisição de direitos sobre créditos mercantis – títulos, duplicatas, cheques, oriundos de venda mercantis e/ou prestação de serviços. A *factoring* paga à vista ao emitente, com um pequeno deságio, cobrado para remunerar os custos da operação. A partir disso, aguardará o vencimento de tais títulos para cobrá-los do sacado, podendo ou não assumir a compra do título.

Muitas companhias ainda não conhecem o *factoring* e os FIDCs, que costumam operar até mesmo com clientes que possuem algum tipo de restrição cadastral, como protesto, apontamento no Serasa ou cobrança judicial. Além da praticidade e da agilidade na transformação de recebíveis em dinheiro, várias empresas desses dois segmentos auxiliam seus clientes na aquisição da matéria-prima necessária à produção, fomentando-a, e essa prática – bem gerida – tem sido a salvação de diversas companhias cujo capital de giro, por diversos motivos, já havia se esgotado e que também não contavam com recebíveis para desconto.

Com tais operações, inverte-se o sentido da roda. Pelo processo normal, o empresário desconta seus recebíveis para comprar matéria-prima e pagar seus funcionários a fim de produzir; havendo fomento, o empresário se vale de uma antecipação de recursos para a compra da matéria-prima e o pagamento da folha, e só depois é que encaminhará o título de crédito a quem o fomentou. Já vi muitas vezes, por sinal, empresas com extensas carteiras de pedidos e que não possuíam mais crédito nem recursos para a aquisição de matéria-prima e pagamento de pessoal, casos em que a existência de fomento lhes salvou – literalmente – a vida.

Sem essa forma de crédito supletiva aos bancos, não tenho dúvida em afirmar que milhares de empresas teriam sucumbido

A QUEM RECORRER QUANDO O BANCO RECUSA A OPERAÇÃO?

à crise de 2008, e, ainda hoje, outras tantas estariam quebrando. Sei que a atividade ainda carrega um estigma de agiotagem legalizada, que, em certos e pontuais casos, é merecida; porém, a imensa maioria das *factorings* atua de maneira leal, em um esquema de parceria e honestidade com seus clientes. Felizmente, as más empresas da *factoring* são exceção, a não a regra.

Os FIDCs, por seu turno, já nascem com rigorosa regulamentação, o que praticamente impede quaisquer desvios contratuais. Assim, recomendo aos empresários – especialmente aos pequenos e médios – que conheçam profundamente essas operações e façam delas o melhor uso, em vez de simplesmente renegá-las, pois o crédito bancário, em um futuro próximo, se tornará cada vez mais escasso.

MUDANÇA, EIS O NOME DO JOGO

MUDANÇA, EIS O NOME DO JOGO

Metodologia, capital e atitude. Este é o tripé fundamental para se dar início ao processo de reestruturação em companhias financeiramente em crise. São requisitos de importância equivalente, subordinados apenas a um conceito essencial: diminuir radicalmente as despesas e, ao mesmo tempo, incrementar os resultados.

No entanto, mais importante que dominar a teoria é conhecer a forma de colocá-la em prática. Aí sim surge uma hierarquia: a prevalência do *como* fazer pelo *que* fazer. Entender essa equação tornará eficaz e assertiva a operação de salvamento empresarial.

Todo trabalho de recuperação financeira, especialmente no tocante à metodologia, deve ser realizado de forma multidisciplinar e envolver integralmente os departamentos da empresa.

Um processo de reestruturação precisa, portanto, de ações para engajar desde o departamento de Planejamento e Controle de Produção (PCP) até o *marketing*, passando pela gestão de suprimentos e a administração financeira.

Por sua vez, qualquer projeto com enfoque multidisciplinar requer planejamento e coordenação, aspectos que, muitas vezes, depõem mais a favor do êxito do que as ações em si, estas últimas obrigatoriamente acompanhadas de disciplina férrea em sua implementação.

Durante um período de crise, uma das maiores deficiências do empresário é a falta de atitude, pois ele tende sempre a achar que o problema é menos grave do que parece. Outro obstáculo considerável a se superar é a carência de uma metodologia multidisciplinar que trate os assuntos de maneira integrada e, por que não dizer, holística.

O bom e o mau empresário se diferenciam justamente em situações de crise, naqueles momentos cruciais, quando decisões importantes devem ser tomadas com rapidez e consistência sem, todavia, se esquecer de valores fundamentais que devem fazer parte do espírito empreendedor. Sobretudo estar aberto e ter humildade suficiente para aceitar a aplicação de uma metodologia diferente, com disciplina muitas vezes inédita e um enorme sentido de perpetuidade da operação; afinal, não existe nada pior do que continuar fazendo as mesmas coisas e esperar resultados diferentes. Se a empresa já está em crise é sinal de que algo errado ocorreu. Logo, não seria crível nem adequado tentar sair do problema insistindo nas mesmas condutas e atitudes.

Se a empresa estiver gerando prejuízo, e assim continuar por muito tempo, injetar recursos nela mantendo a mesma estrutura e perfil de endividamento equivalerá a jogar dinheiro no lixo. É muito comum, por exemplo, empresários venderem seus bens para fazer aportes financeiros no negócio e, pouco tempo depois, a situação novamente se complicar, quase sempre mais ainda.

A falha pródiga em gerar esses círculos viciosos é tratar os sintomas, e não a doença. Mudar, realmente, é o nome do jogo a ser colocado em prática nessas horas.

O QUE PRODUZIR?

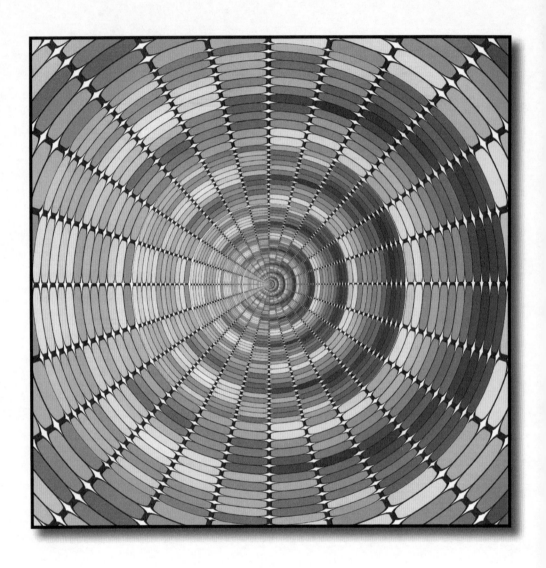

O QUE PRODUZIR?

A administração eficaz pressupõe a integração verdadeira de todos os departamentos de uma empresa. Ao contrário disso, porém, ainda impera até mesmo em grandes organizações a ausência de uma visão harmônica do todo, com cada departamento atuando como uma capitania, e os seus respectivos gestores no papel de donatários.

O reflexo disso é que a produção, muitas vezes, faz aquilo que não é necessário, e o departamento comercial vende sem observar a rentabilidade ideal, restando ao gestor financeiro apenas correr atrás de dinheiro para manter as contas em dia.

Esteja a empresa em crise ou não, a gestão eficaz da produção é essencial para evitar distorções desse tipo e estoques desproporcionais que, invariavelmente, acabam se tornando obsoletos ou extremamente onerosos.

Em anos de experiência ajudando companhias a sair do colapso, vi dezenas delas sem dinheiro para pagar energia elétrica, mas com vistosos estoques sem nenhuma liquidez, seja por obsolescência, seja por desbalanceamento.

Há, por exemplo, empresas que transformam volumes absurdamente grandes de matéria-prima e se veem às voltas, pouco tempo depois – por conta de novas demandas do mercado consumidor –, com pilhas de itens obsoletos armazenados e sem ter como honrar seus compromissos.

Geralmente, ao serem confrontados, os gestores que ensejaram tal situação se apegam à necessidade de manter as máquinas ativas e de ocupar a mão de obra existente, mesmo sem uma demanda específica gerada pelo departamento comercial.

Quando isso acontece, apesar da boa intenção – e delas o inferno está cheio! –, incorre-se em um grande pecado, que é gastar capital de giro para produzir algo que demora a ser vendido.

Como proceder, então? Como planejar a produção?

No plano ideal, isso é possível com a produção integralmente baseada na carteira de pedidos ou em uma previsão firme do departamento comercial. Ao proceder assim, a empresa está compartilhando responsabilidades, e a superveniência de estoques passa a ser uma deficiência da área de vendas.

Vale ressaltar, nesse sentido, que o departamento comercial passa a ser mais assertivo, pois, se suas previsões forem subdimensionadas, pode ocorrer falta de produtos para a venda (boa parte da remuneração desses profissionais advém de comissão). Em contrapartida, se as previsões forem superdimensionadas, o departamento será rotulado de incompetente por não ter escoado os produtos que pretendia vender. A saída, portanto, é fazer sempre uma previsão coerente.

O gestor fabril não deve evocar a prerrogativa de definir a esmo o que deve ser produzido, pois não tem o controle de uma variável vital e difícil de prever: a demanda.

AS METAS SUPERAM OS DESEJOS

AS METAS SUPERAM OS DESEJOS

Não bastasse o fardo inerente a todo empreendedor brasileiro, em meio à alta carga tributária e à burocracia igualmente abundante na vida de quem resolve ter um negócio, o empresário mergulhado em crise financeira certamente tem triplicado o peso disso tudo sobre os seus ombros.

Administrar uma organização em derrocada constitui tarefa altamente complexa, visto que a crise é pródiga em drenar recursos financeiros e emocionais, podendo consumir até a última gota de energia do empresário, caso ele não tenha à mão as armas certas para combatê-la, ou, então, mesmo possuindo-as, deixe de identificá-las a tempo. Pior ainda é aquele que vacila ao puxar o gatilho.

Um dos primeiros passos para acertar o alvo nesses momentos cruciais é compreender o real tamanho do problema e, feito isso, perguntar a si mesmo se evitar a quebra é um desejo ou uma meta.

Embora ambas as opções pareçam dar na mesma, há uma diferença abissal entre simplesmente desejar o salvamento de uma empresa e estabelecer metas de fato para que isso ocorra. No primeiro caso, a atitude é vazia; no segundo, prevalece a desejável abordagem prática.

Muitos e muitos empresários ao se verem em dificuldades não conseguem ultrapassar a barreira do desejo, e o melhor de suas intenções pouco repercute no dia a dia da companhia, apenas os distancia do foco para evitar a catástrofe.

O empresário que ancora no âmbito das intenções assim o faz por não ter estrutura emocional para romper com as situações e, muitas vezes, com as pessoas que ensejaram o panorama de dificuldade. Frequentemente, carece ainda de conhecimento para manejar mecanismos e ferramentas capazes de promover a reversão de uma crise.

No entanto, depois de auxiliar o processo de reestruturação de várias empresas ao longo dos anos, não hesito em afirmar que a deficiência de gestão é muito menos nociva que a ausência de coragem para promover as sempre necessárias rupturas, quando a situação assim requerer.

O empresário que não domina a técnica poderá adquiri-la contratando especialistas, profissionais talhados para reestruturar empresas e promover a reversão de cenários desfavoráveis mediante a adoção de decisões difíceis, como afastar parentes da operação, contrariar o diretor comercial ou tirar de linha um produto não lucrativo.

Quem relutar na adoção de medidas desse tipo, em geral duras e amargas, e quiser contar apenas com seu anseio, por mais sincero que ele seja, dificilmente colherá os frutos da volta à normalidade.

Sobrevivência pressupõe o estabelecimento de percentuais para corte de despesas, pulso na hora de diminuir ou aumentar o *mix* de produtos e coragem para contrariar interesses, até mesmo os próprios, em detrimento de um realmente maior, que é fazer o empreendimento retomar sua vocação natural de gerar riquezas e manter empregos.

AUTOFINANCIAMENTO PARA EMPRESAS

AUTOFINANCIAMENTO PARA EMPRESAS

Caro, escasso, difícil de ser obtido sem garantias reais e, mais ainda, de pagar. Este é o perfil do crédito no Brasil, tanto para pessoas físicas quanto jurídicas. No caso das empresas, a busca por recursos em instituições financeiras pode significar, no pior dos cenários – gerado por uma queda de demanda ou crise –, a inadimplência ou até mesmo a falência.

Para minimizar a necessidade de ir ao mercado buscar dinheiro, o financiamento natural das operações é o objetivo primordial a ser perseguido, e pode ampliar a saúde ou diminuir a degeneração dos negócios. Essa estratégia é possível mediante a seguinte equação: vender a prazos menores/gastar e investir a prazos maiores.

Ou seja, a empresa deve procurar vender aos clientes com prazos menores e comprar dos seus fornecedores a prazos maiores. Isso, por si só, em determinadas circunstâncias, pode diminuir ou eliminar a necessidade de buscar capital de giro, fazendo uma empresa tomadora de recursos tornar-se aplicadora.

Apesar de óbvio, esse modo de capitalizar a empresa não tem merecido a atenção necessária. Não se trata de mágica, mas de coragem e planejamento, e representa um imenso desafio, valendo tanto para quem tenha suas operações saudáveis quanto aqueles já mergulhados em crise financeira.

Para que o financiamento natural ocorra é necessário traçar uma estratégia junto aos clientes e fornecedores no sentido de remanejar os prazos atuais, negociando, às vezes à exaustão, e não se contentando com as negativas que, porventura, venha a receber.

É preciso disciplina, bem como a criação de condições de barganha para clientes e fornecedores. No primeiro caso, vale a pena investir nos diferenciais de atendimento, como prazo de entrega, pós-venda e assessoramento naquilo que o cliente demanda, pois ele deve se sentir privilegiado pela empresa, em detrimento da concorrência. Precisa, enfim, de uma razão, de um motivo, para praticar condições diferenciadas com você.

Com os fornecedores, o trabalho – apesar de igualmente difícil – possibilita "ganchos" mais objetivos, tais como a pontualidade e o histórico comercial. Fácil? Evidente que não; porém, os ganhos experimentados pela implementação compensam todos os esforços.

EMPRESA FAMILIAR: QUAL É A HORA CERTA DE PROFISSIONALIZÁ-LA?

EMPRESA FAMILIAR: QUAL É A HORA CERTA DE PROFISSIONALIZÁ-LA?

Qual o tipo de empresa em crise financeira tem maior probabilidade de falir? Aquela com gestão profissional ou familiar? Diria que as chances são as mesmas para ambas, pois não existe companhia ruim de "tocar", e sim mal administrada.

É claro que cada uma segue seu próprio modelo, estilo e paradigma, com a diferença que, no negócio gerido por parentes – em geral pais, filhos e tios –, a maior complexidade mora na ausência de separação da vida profissional da pessoal.

Os conflitos, apesar de comuns no mundo corporativo, ganham proporções bem maiores quando a rusga envolve os membros da família. Não é raro que atritos possam colocar um pai-presidente ou um tio-diretor financeiro contra um filho--sobrinho-gerente.

Essa situação é provavelmente a mais difícil de ser superarada, caso as partes não se acertarem. Em casos mais graves, quando não é possível reverter o quadro ou estabelecer ao menos uma trégua, o melhor é fazer valer a hierarquia e ponto final.

Em um cenário como o do Brasil, em que mais de 90% das empresas são familiares, é fácil imaginar o volume de atritos gerados todos os dias, certamente mais fortes se o negócio estiver à beira do colapso. Conflitos entre familiares no ambiente empresarial sempre são péssimos, em especial aqueles que envolvem sucessões, divisão de bens e hierarquia.

O melhor momento para profissionalizar a gestão da companhia é antes que a crise familiar atinja uma proporção tal que torne insustentável a convivência entre os parentes envolvidos.

Em primeiro lugar, essa profissionalização precisa partir do dono ou da maioria dos sócios, por meio de uma consultoria externa especializada no tema, totalmente isenta, que se proponha a reestruturar e recuperar a saúde financeira e administrativa da empresa.

Adiar essa "virada de mesa" só contribuirá para o fim das operações. A presença de um elemento externo ajudará a estabelecer uma mediação nesse processo independentemente de amores e ódios, de rusgas passadas.

Geralmente, os empresários familiares costumam levar mais tempo para tomar uma decisão, pois muitos não conseguem sair desse círculo vicioso, que é visualizar a empresa a partir da sua ótica de interesse particular. Muitas vezes, nem o fazem por má-fé ou por vaidade, mas porque acreditam que essa é sua missão dentro da organização.

Na verdade, essa visão messiânica é uma fonte extremamente grave de desequilíbrio. É imperativo que o empresário administre vislumbrando o macro e o micro do negócio, entendendo que a companhia é como um organismo, no qual a falência ou a prevalência de algum órgão põe em risco todo o sistema.

Não adianta o departamento comercial funcionar bem se a produção não tiver força para atender à demanda gerada. O mesmo vale para a área financeira, que deve estar azeitada para evitar a repercussão de problemas no estoque ou mesmo no RH.

Enfim, tudo tem de funcionar de maneira harmônica, como uma orquestra, seja a empresa gerida por familiares ou não. Desentendimentos sempre existirão e devem ser resolvidos quando ainda são pequenos, contornáveis, antes de se transformarem em uma grande bola de neve.

INDECISÃO E FRACASSO CAMINHAM JUNTOS

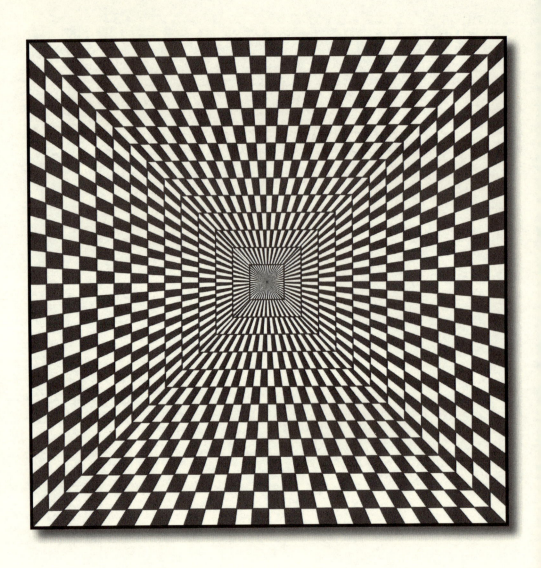

INDECISÃO E FRACASSO CAMINHAM JUNTOS

Cecília Meireles, do alto de sua sabedoria de poetisa e conhecedora das sutilezas humanas, compôs "Ou isto ou aquilo", um dos textos que, talvez, melhor traduzam a essência da alma de empresários indecisos e titubeantes diante do risco.

É difícil falar a respeito desses empresários, pois são pessoas e, tal como nós , imperfeitas. No entanto, torna-se imperioso no mundo corporativo não ter melindres em discutir determinados assuntos que atinjam dirigentes e colaboradores em sua capacidade de tomar decisões.

Inegável, por exemplo, é o fato de líderes indecisos gerarem desconfiança sobre sua autoridade, assim como dúvidas em relação à habilidade de comandar e, por consequência, da eficácia das próprias decisões tomadas, visto que todo esse conjunto de hesitações espelha o tipo de comandante que se tem diante dos olhos.

Refiro-me aos gestores que não conseguem responder ao enigma da esfinge – "Decifra-me ou te devoro" –, e que, certamente, serão devorados mais cedo ou mais tarde em função desse jeito inseguro de ser.

Não se trata de uma exclusividade dos tempos velozes e competitivos de hoje. A indecisão no mundo empresarial brasileiro chega a ser histórica, com base até mesmo em nossa formação católica-cristã, na qual o lucro é visto como usura, diferentemente da tradição protestante anglo-saxã, que o define de antemão como uma consequência natural do labor.

Ao mesmo tempo, a formação educacional brasileira sempre passou longe do empreendedorismo, um cenário que, felizmente, parece estar mudando, embora ainda tenha feições de ver-

Negócios sem crise

dadeira epidemia, na qual o imobilismo ainda desponta como sintoma principal.

Tudo isso explica, de certa forma, o fato de haver tantas empresas em dificuldade, à mercê de "líderes" que simplesmente não conseguem decidir se vão para a esquerda ou para a direita, se contratam ou demitem, se compram ou vendem, se param ou continuam.

Após tantos anos atuando na recuperação de empresas, vejo que essas situações são bastante frequentes em pequenas, médias e grandes estruturas, sempre com reflexos devastadores, sendo necessário um esforço hercúleo para colocar as coisas de novo no lugar.

Mas o tempo é curto quando se pretende transformar novamente em sucesso uma história que pende para o fracasso. Aqueles que simplesmente permanecem mergulhados na indecisão, neste momento, não devem esperar muito mais que a mera derrocada. Aí sim, já sem nenhuma oportunidade de escolha.

EMPRESA DEVE EQUILIBRAR SEU *MIX* DE PRODUTOS

EMPRESA DEVE EQUILIBRAR SEU MIX DE PRODUTOS

Grande variedade de produtos não significa sucesso de vendas. Há muito tempo esta máxima foi provada. Mesmo assim, muitos empresários parecem ainda não ter entendido suficientemente a questão.

Claro, os negócios são feitos para suprir as necessidades do cliente, mas desde que isso se coadune com a própria viabilidade econômica do empreendimento.

É muito comum que o departamento comercial queira facilitar as vendas e, para tal, acabe sortindo o estoque com uma variedade de itens, além de oferecer ao mercado grandes facilidades de pagamento.

Parece piada, mas, se o gestor comercial imaginar que alguém, um dia, pode querer determinado artigo roxo com bolinhas azuis cintilantes, certamente vai propor o lançamento de um item assim à sua produção.

Longe desse tipo de loucura, cabe ao dirigente entender a operação e promover mudanças apenas quando necessário, e não a cada "*insight*" ou "intuição" que venha a ter. Deve, isto sim, manter o *mix* de produtos adequado ao seu giro de capital e à própria demanda.

Muitas são as causas para que exista uma visão distorcida da gestão do *mix* de produtos, evitando que o negócio se torne realmente lucrativo. Entre elas, a falta de identidade do empresário com o conceito daquilo que produz, a tentativa equivocada de tentar acompanhar ou antecipar a concorrência, o impulso de atender ao desejo do cliente de maneira desatrelada dos interesses da empresa.

Só para citar um exemplo bastante pitoresco, já encontrei empresas em diversas situações, mas poucas marcaram tanto minha carreira quanto a que tinha, praticamente, 27 mil itens em seu catálogo, um verdadeiro absurdo. Percebendo tal variedade, reduzimos a lista para 700 itens. Esse procedimento reorientou o *layout* de produção, resultando em uma economia extraordinária de matéria-prima, racionalização da estrutura e ganhos de produtividade.

O estabelecimento de um *mix* de produtos coerente é, portanto, condição essencial à superação de uma dificuldade ou à ampliação dos resultados de uma empresa e não somente um capricho. Muitas vezes, agir dessa forma é sinal não só de bom-senso, mas necessidade imperiosa.

Carregar um grande número de itens de produção é um caminho perigoso rumo à crise ou, em última análise, à falência.

Ao empresário que atualmente passa por problemas similares, as recomendações são: tenha atitude e coragem para aceitar opiniões e mudar, não se curve a conveniências e enfrente de peito aberto as dificuldades, conversando com os clientes sobre a situação da empresa e explicando-lhes os problemas em manter determinado item em produção seriada.

Oferecer alternativas como janelas de produção, ainda que incômodas e pouco simpáticas, é uma atitude corajosa e necessária, em geral tomada por empresários realmente inteligentes.

AUMENTO DE FATURAMENTO: QUANDO O REMÉDIO PODE SE TORNAR UM VENENO

AUMENTO DE FATURAMENTO: QUANDO O REMÉDIO...

Nosso primeiro impulso quando pensamos na solução de uma crise empresarial é imaginar como a estrutura de despesas pode ser diminuída e a receita, ampliada. Assim, pensamos genericamente que a queda dos gastos e a elevação do faturamento redundarão em um lucro maior e, por conseguinte, na abreviação do tempo e do sacrifício necessários à recuperação.

Esse pensamento decorre do próprio senso comum, sendo partilhado até mesmo por especialistas. Contudo, não pode ser considerado aplicável a todas as situações – ao contrário –, pois há casos nos quais se indica a depressão do faturamento como forma de sair de uma situação crítica.

Nessas circunstâncias, o aumento ou a manutenção do total faturado só agrava a situação, independentemente se a visão para tal for financeira ou simplesmente econômica.

Como costumo dizer em artigos, livros e sempre que sou chamado a discutir sobre recuperação de empresas, o processo de superação da crise é algo absolutamente individualizado, não existem fórmulas prontas; cada caso é peculiar.

Assim, quando a empresa possui em sua carteira clientes que exigem verbas de patrocínio, comissões, abonos, descontos e toda a sorte de facilidades, a venda torna-se muitas vezes deficitária, independentemente da estrutura de custos fixos existente.

Não raro, sob o canto da sereia dos grandes magazines, supermercados e atacadistas, as empresas vendem produtos em patamares absolutamente incompatíveis com qualquer expectativa de lucro.

Em uma situação de normalidade, esse cenário já é suficientemente pernicioso, mas em um momento de crise, quando o foco deve ser a geração de recursos para o pagamento do passivo da empresa, ele quase sempre leva a um círculo vicioso – quanto mais se vende maior é o prejuízo –, até que a capacidade de financiamento seja exaurida e se atinja um ponto sem retorno.

Há, ainda, oportunidades em que a venda é saudável, mas suas condições tornam-se absolutamente impraticáveis em uma situação de crise, quando se exige liquidez e não há como adiar na mesma proporção o pagamento dos compromissos assumidos.

Desse modo, quando o capital de giro é um bem escasso e as possibilidades de financiamento das operações se mostram limitadas, vender com prazos longos, por exemplo, pode ser um atalho para o colapso.

Quando os obstáculos econômicos ou financeiros são intransponíveis, o aumento de faturamento, em vez de representar uma solução, implica o agravamento do problema.

A verdadeira reversão de um cenário de crise nunca é simples, tampouco depende de fórmulas prontas, mas sim de muito trabalho, dedicação e, acima de tudo, da capacidade de se discernir entre remédios e venenos.

QUANDO O MAL É BOM
E O BEM É CRUEL

QUANDO O MAL É BOM E O BEM É CRUEL

Quando uma empresa está em crise, a administração da escassez é árdua e as operações devem ser reformuladas. Tal cenário reclama medidas destinadas à redução de custos e à racionalização de operações, e, quase sempre, as mudanças passam pela dispensa de pessoal.

Tais dispensas passam tanto pelo corte de pessoal e supressão de vagas quanto por desligamentos destinados a eliminar os funcionários que não apresentam uma performance adequada às exigências do momento.

Esses desligamentos, muitas vezes, ensejam diversos dramas pessoais. A perda do emprego – especialmente para os funcionários mais antigos da organização – é um golpe duro, de difícil assimilação.

Nas pequenas e médias empresas, em que geralmente há intenso contato pessoal entre dirigentes e funcionários, por vezes o "excesso de quadro" é tolerado e, não raro, mesmo sabendo que determinados funcionários não são talhados para os cargos que ocupam, seus empregos acabam sendo mantidos.

Essa conduta paternalista, que pretende proteger e cuidar dos funcionários, na verdade é, muitas vezes, egoísta e contraproducente para a empresa e para os próprios funcionários.

Ao manter um contingente excessivo ou profissionais inapropriados para a função, o dirigente, tentando fazer o bem de maneira localizada, acaba por ser injusto com os demais funcionários na medida em que o agravamento da crise põe em risco não alguns, mas todos os postos de trabalho.

Nessa circunstância, quando o interesse coletivo deve preponderar – até por uma questão de sobrevivência da organização –, o aparente "mal" experimentado por alguns pode ser "bom" para o todo.

Por outro lado, em uma crise, as cobranças são mais intensas, a pressão nunca cessa e todo santo dia a sobrevivência da empresa é desafiada. Há profissionais que simplesmente não conseguem trabalhar nesse contexto.

A atuação de determinados empregados não se descola das circunstâncias e do entorno em que atua, e, se não estão funcionando, não significa necessariamente que sejam péssimos profissionais, mas apenas que não conseguem trabalhar *naquela* conjuntura.

Quando isso ocorre, o "bem" que o empregador lhe faz, mantendo-o em suas funções, tem efeito "cruel", pois amortece sua necessidade de procurar um contexto mais favorável para sua atuação profissional.

Não faço apologia da indiferença nem tampouco da impessoalidade na definição de quem deve ficar ou deixar a empresa em um momento de dificuldade. Sei perfeitamente que, em alguns casos, as dispensas – em virtude da relação pessoal entre dirigentes e funcionários – são como feridas que permanecem abertas e, provavelmente, nunca irão cicatrizar.

Ocorre, entretanto, que o interesse coletivo deve sempre preponderar sobre o individual, porque assim é a vida.

AS INCERTEZAS
DA SUCESSÃO EMPRESARIAL

AS INCERTEZAS DA SUCESSÃO EMPRESARIAL

Embora sejamos um reconhecido celeiro de empresas familiares, muitas delas chegando à condição de gigantes ao longo do tempo, ainda reinam teorias no mínimo discutíveis sobre o ciclo evolutivo desses empreendimentos. Uma delas, sem dúvida, é a ideia recorrente no mercado de que os fundadores, por mais que tenham sido visionários no início, um dia acabam se transformando em estorvo.

Surge então uma intrigante pergunta: mesmo que profissionalizar a administração se mostre indispensável, como conciliar a gradativa troca de comando à manutenção do poder em mãos realmente comprometidas com a história, os valores e a missão do negócio? Essa dúvida geralmente consiste na principal causa de relutância na hora de passar o bastão adiante, seja para os sucessores naturais, por laços sanguíneos, seja para profissionais externos, cuidadosamente garimpados no mercado.

No caso da sucessão familiar tradicional, além de possíveis conflitos com outros parentes, não é raro que as novas gerações de gestores enfrentem problemas de adaptação, mesmo depois de um certo período tentando assimilar a filosofia da empresa e seus processos.

Em contrapartida, a profissionalização – expressão hoje tão em voga – pode igualmente fazer água se uma série de cuidados não for levada em conta, até mesmo porque nenhum currículo ou antecedente de sucesso pode retratar fielmente valores intangíveis, como seriedade e comprometimento.

Nesse aspecto comportamental, aliás, a administração familiar tem a seu favor o fato de, mesmo diante da crise mais profunda, quase sempre manter intacto o sentimento de amor pela empresa, cujo nome a ser preservado muitas vezes é o mesmo que seus executivos e descendentes assinam.

Um claro exemplo da dicotomia existente na ausência desse estado de ânimo pôde ser visto recentemente durante a crise bancária das hipotecas nos Estados Unidos. Enquanto vários líderes de instituições financeiras colecionavam bônus milionários, suas empresas simplesmente quebravam.

Episódios assim podem ser evitados quando se profissionaliza a gestão com o estreito acompanhamento de acionistas, conselho e demais interessados na perpetuação do negócio ou, então, na hipótese de a família manter-se à frente dele, se fizer questão de pautar sua conduta pela gestão séria, baseada em indicadores igualmente confiáveis, e no comando de alguém realmente dedicado.

Fica claro, portanto, que o êxito de um processo sucessório não deve se basear em chavões e receitas prontas, mas sim em uma série de variáveis, independentemente da opção escolhida. Afinal, só mesmo princípios consistentes são capazes de preservar tudo aquilo de bom que o verdadeiro espírito empreendedor dos pioneiros um dia tornaria possível.

ECONOMIA NAS NUVENS, PÉS NO CHÃO

ECONOMIA NAS NUVENS, PÉS NO CHÃO

Declarações recentes de economistas renomados colocam o Brasil na condição de forte candidato à próxima bolha mundial. Antes de ser relegada ao campo do mero pessimismo ou do mau agouro, esta advertência merece atenção especial, pois sinaliza um aspecto preocupante: até que ponto a euforia do crescimento da economia brasileira pode ser o estopim de uma crise de grandes proporções?

Difícil dizer, mas é inegável a existência de fatores que tornam o aviso dos especialistas no mínimo instigante. A desvalorização competitiva das moedas em escala global, a elevada carga tributária, a insegurança jurídica, a falta de investimentos em infraestrutura e até mesmo o endividamento excessivo das famílias são apenas alguns motivos para essa reflexão, tendo como pano de fundo a já propalada "desindustrialização" do país. Esse fenômeno se dá pela impossibilidade de nossas empresas concorrerem no mercado externo em virtude do real valorizado, o que compromete a concorrência no mercado interno, em razão da depreciação de muitas moedas estrangeiras.

Nesse ritmo, no médio prazo, nossas empresas estarão divididas entre exportadoras de *commodities* ou comerciantes (importadoras) de mercadorias produzidas no exterior. Nossa atividade industrial tende a ser pífia.

Em função desse amplo e complexo diagnóstico, é fundamental que as empresas nacionais comecem a se preocupar com um provável período de estagnação, traçando desde já estratégias compatíveis com essa possibilidade.

A previsão de um panorama econômico bem mais complicado daqui a algum tempo torna imperativo às empresas buscarem o quanto antes providências eficazes para evitar sérios reflexos

Negócios sem crise

financeiros negativos em sua operação, algo bastante provável se pelo menos parte dos prognósticos da atualidade se confirmar.

Cabe aos gestores adotar, por exemplo, certos comportamentos que já se comprovaram válidos em crises do passado. Cautela, sem dúvida, é a primeira providência, sobretudo em função da falsa ideia de onipotência que muitos dos nossos empresários tendem a alimentar, após terem enfrentado hiperinflação, pacotes econômicos, mudanças de moeda e muitas outras situações delicadas que acabaram por inflar seu próprio ego muito mais do que a efetiva solidez dos negócios que conduzem.

Mesmo que a empresa entre em dificuldades, o empreendedor – e isso chega a ser um traço cultural do empreendedorismo brasileiro –, não raro, acredita piamente que possui todo o ferramental necessário, seja por experiência empírica, seja por algum curso miraculoso que tenha feito, para driblar a iminente derrocada. Se decidir por esse caminho, mais cedo ou mais tarde será obrigado a fechar as portas.

Em segundo lugar, é necessário que a empresa – independentemente do seu tamanho – reveja seu portfólio e analise que tipo de produto ou serviço realmente é imprescindível para manter sua operação de fato rentável.

Em momentos assim, é fundamental ser honesto não apenas consigo próprio, mas, sobretudo, com o cliente e o público interno, expondo a todos o cenário real antes que a sustentação de um falso sucesso conduza ao fracasso inevitável.

Por mais que algumas incertezas atuais possam ensejar preocupações, por vezes exageradas, é verdade, nada impede que sejam aproveitadas de forma ponderada e inteligente para a re-

ECONOMIA NAS NUVENS, PÉS NO CHÃO

visão imediata de métodos, práticas e, principalmente, atitudes, esta última uma palavrinha mágica, que tem operado verdadeiros milagres na vida de países, empresas e gestões.

Nota do autor

Este artigo, publicado 18 meses antes desta coletânea, infelizmente revelou-se profético. Hoje, no momento em que organizo este trabalho, o Produto Interno Bruto do país é revisado semana após semana, mês após mês, sempre para baixo.

AS MÉDIAS E COMPLEXAS EMPRESAS

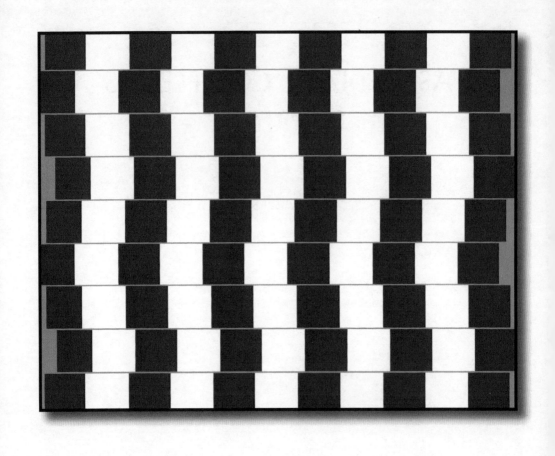

AS MÉDIAS E COMPLEXAS EMPRESAS

Longe dos holofotes midiáticos e do interesse governamental – exceto na hora da tributação –, as médias empresas brasileiras enfrentam uma situação deveras peculiar: não contam com a estrutura de capital muitas vezes encontrada nas grandes corporações nem com os benefícios fiscais concedidos às micro e pequenas empresas.

Mesmo assim, embora não gerando a mesma produção, as médias empresas se veem às voltas com as mesmas obrigações de suas congêneres de maior porte. Isso, por si só, já evidencia o descaso do poder público, pois falta uma política de incentivo para companhias inseridas nessa faixa da economia: – ademais, as médias empresas não têm acesso à assessoria de grandes consultorias, não são paparicadas pelas plataformas "corporate" dos bancos e raramente têm acesso a linhas de crédito fora do curto e curtíssimo prazo.

Nessa mesma toada, praticamente nunca são favorecidas com a possibilidade de realização de operações estruturadas e/ou oriundas de bancos públicos de fomento, cujos clientes são quase sempre grandes corporações que se fundem ou, patrioticamente, se envolvem na realização de obras de interesse do "governante de plantão". Aliás, a média empresa no Brasil nem sequer possui uma clara caracterização legal. Para alguns, é definida pela quantidade de funcionários, de 100 a 499 no caso de indústria, e de 50 a 99 para empresas comerciais e de serviços; para outros, é aquela que obtém o faturamento anual entre o piso de R$ 2,4 milhões e o teto de R$ 300 a R$ 500 milhões, segundo alguns especialistas.

Nesse limbo – que nem sequer possui um claro enquadramento legal –, estão presentes milhares e milhares de empresas

Negócios sem crise

com características completamente distintas, que, no entanto, se igualam na dificuldade de acesso a crédito e na ausência de mecanismos de fomento para atualização tecnológica e pesquisa. Em um mundo cada vez mais competitivo, no qual a tendência em todos os segmentos de atividades é a concentração, o médio empresário tem de ser mais eficaz, porque dele é exigido que faça mais e melhor com menos, sob pena de sucumbir.

Não seria desejável, entretanto, que se criassem condições para privilegiar essa gama de empresas. Ao contrário, o que o bom-senso exige, na realidade, é a isonomia, a igualdade de tratamento, especialmente no acesso a crédito entre as médias e grandes corporações, notadamente dos organismos de fomento como o BNDES.

Ao médio empresário, é certo que pouco importa a oscilação do preço do nióbio na Comunidade Econômica Europeia. Para ele, porém, é de grande valia saber qual o *lead time* de seus produtos e como fazer para reduzi-lo, ou, ainda, como planejar sua produção a partir da curva ABC de seus produtos e da leitura da carteira ou, finalmente, como extrair o melhor na contratação de operações financeiras com FIDCs (Fundos de Investimento em Direitos Creditórios), *factorings* ou bancos. Em outras palavras, mesmo no mundo globalizado em constante transformação em que vivemos e que afeta direta ou indiretamente as empresas, parece uma tendência cada vez maior, mesmo entre as médias companhias, o interesse pelo que acontece ao seu redor, pelos indicadores que lhes afetam diretamente e por modelos de gestão ágeis e descentralizados, independentemente de governos ou crises, pois só assim sobreviverão.

QUER SUPERAR A DIFICULDADE FINANCEIRA? TENHA DISPOSIÇÃO PARA NEGOCIAR

QUER SUPERAR A DIFICULDADE FINANCEIRA? TENHA...

A crise financeira, cuja face mais aguda é representada pela escassez de caixa, não pode ser tratada ou resolvida com golpes de caneta, com medidas pontuais ou com soluções pirotécnicas, pois sempre envolve um amplo processo de negociação.

A crise exige, como já dissemos, a atuação simultânea em diversas frentes; assim, o passivo reclama alongamento, a base de despesas deve ser reduzida e, finalmente, quase sempre é necessário dinheiro novo para revitalizar a operação.

A obtenção dessas metas, de todas elas, passa pela negociação, sempre.

Assim, a dívida que pressiona o caixa, seja ela com bancos, com fornecedores e até mesmo com funcionários, passa obrigatoriamente pelo caminho da composição de interesses, incluindo a compatibilização daquilo que é pretendido pelo credor às possibilidades do devedor. Para isso, o primeiro passo para o êxito, sem dúvida, é definir previamente aonde se deseja chegar, e sempre por meio de metas claras e objetivas.

Até mesmo em uma recuperação judicial, na qual alongar e estabelecer novas condições para a dívida é aparentemente compulsório, essa mudança de rota sempre passa pela aprovação da assembleia de credores, momento em que também é necessário negociar.

Porém, mais até que a possível resistência do credor, um dos maiores entraves para se iniciar o processo de negociação é o medo de quem deve, cujo constrangimento muitas vezes acarreta, logo de saída, uma indisfarçável sensação de inferioridade. Muitas vezes, quem deve se esquece, por exemplo, que além de inevitável para a recuperação da empresa, a negociação é boa também para a parte que terá o recebimento de seus créditos viabilizado.

Deixando de negociar ou fazendo isso de forma tímida, é frequente surgir a necessidade de renegociação, o que não ocorre quando o devedor tem um projeto e o executa de forma adequada, movido pela meta de honrar o contrato inicial, em vez de descumpri-lo.

A redução do nível de despesas, passando ou não pelo corte de pessoal, passa também por uma negociação com os colaboradores, a fim de enfrentar situações altamente delicadas e muitas vezes tidas como intransponíveis. Nestes casos, agir com honestidade e transparência também nunca é demais.

Assim, a redução de postos de trabalho e a diminuição da zona de conforto dos colaboradores internos e externos, se não passa pela negociação em um primeiro momento, certamente a incluirá no fluxo normal da vida empresarial. Convém, portanto, que todos estejam engajados no processo; mas, como isso é quase sempre impossível, quando se toma a decisão, convém que as medidas sejam encampadas por todos.

A obtenção de novos recursos exige também ampla negociação e, por que não dizer, até mesmo alguma sedução.

Na erupção da crise, os bancos credores normalmente demonstram disposição em negociar, uma vez que levar o caso para a Justiça é quase sempre mais oneroso, além de envolver aspectos legais de provisão junto ao Banco Central, dentre outros.

Ocorre que, com alguns interlocutores, não só é possível acomodar o endividamento como também é viável a obtenção de novos capitais.

QUER SUPERAR A DIFICULDADE FINANCEIRA? TENHA...

Essa aparente reviravolta exigirá, além de amplo processo de negociação quanto às condições de pagamento da dívida velha, grande habilidade para a obtenção de novos recursos com o apelo (e compromisso) de utilização para fins específicos e dentro de um planejamento ordenado.

Já para parceiros financeiros que não possuem endividamento é necessário que a empresa restaure a credibilidade e demonstre, de maneira técnica e profissional, o percurso dos novos recursos desde a sua liberação até o seu pagamento.

Além de capacidade gerencial, requisito indispensável, porém não suficiente, é necessário que os representantes do devedor incorporem a necessidade de negociar, sempre. A superação da crise não pode prescindir de negociadores eficazes.

Como o êxito em qualquer negociação depende da instauração de um clima de confiança, independentemente do credor que se tenha pela frente na hora da crise, a devida dose de seriedade e de boa-fé sempre foi e continuará sendo um excelente começo, aliás um pré-requisito.

A RECUPERAÇÃO JUDICIAL
É A SOLUÇÃO?

A RECUPERAÇÃO JUDICIAL É A SOLUÇÃO?

Como gestor de crises, escuto de alguns empresários com certa frequência que, dada a gravidade de sua situação, a única saída é a recuperação judicial.

Quase sempre refratários a grandes mudanças na forma de conduzir seus negócios, eles tentam limitar ao máximo qualquer possível ingerência externa em seus negócios, circunscrevendo-a a advogados que conduzirão o processo de recuperação judicial, mas sem interferir no dia a dia das operações.

Portanto, a resposta para a pergunta que serve de título a este texto é um sonoro NÃO!

A solução nunca é a recuperação judicial de forma isolada, por ela não ser um fim em si mesma, tampouco a panaceia ou o elixir milagroso que, uma vez administrado, revela-se capaz de curar todas as mazelas e feridas.

O processo de recuperação judicial É UM MEIO do qual o empresário pode se valer para reestruturar sua empresa, resgatar seu negócio e recobrar a saúde financeira do empreendimento.

Todo processo de reestruturação tem por finalidade modificar as variáveis existentes com o objetivo de deprimir custos e aumentar receitas. Sem isso, ou seja, diante da sua incapacidade de gerar condições efetivas para a liquidação dos compromissos atrasados, qualquer outra medida se torna inócua.

Nada se recupera sozinho. Não existe uma mágica que transmuta realidades, modifica balanços e melhora vendas e resultados.

Se seu modo de administrar a empresa redundou em uma crise financeira, um conjunto de procedimentos precisa ser modificado, sob pena de a dificuldade se perpetuar, ainda que aliviada temporariamente pela carência no pagamento da dívida quase sempre alcançada por ocasião da recuperação judicial.

Vista sob essa ótica, a recuperação judicial deve ser usada apenas e tão somente como uma das medidas do arsenal para combater a crise, mas com pouco ou nenhum efeito prático se não vier acompanhada da efetiva colocação de ordem na casa, muito menos se for decidida de forma precipitada, quando ainda havia condições de se negociar os passivos no âmbito administrativo e, sobretudo, de forma equilibrada.

QUEM SE INTERESSA PELA EMPRESA EM CRISE?

QUEM SE INTERESSA PELA EMPRESA EM CRISE?

Qualquer empresa é, na verdade, uma abstração, pois, ao contrário de um ente concreto, ela não tem vida própria. O que determina sua sobrevivência são as pessoas que nela atuam diretamente, como funcionários, prestadores de serviço e dirigentes, além daqueles com as quais interage indiretamente: clientes, fornecedores, parceiros financeiros, esferas de governo e acionistas, dentre outros.

Há um termo em inglês que designa toda essa comunidade de interlocutores que se preocupa com o desempenho da empresa: *stakeholders*. No Brasil, não existe um termo técnico que traduza o conceito de *stakeholder*, portanto, vamos designá-los simplesmente como *interessados*.

Um dos nós a serem desatados na companhia em dificuldades é justamente o de excesso de interessados e a multiplicidade de suas demandas. Em um momento de crise, as expectativas e as necessidades, muitas vezes, são conflitantes, e a sublimação dos problemas exige sempre a capacidade de mediar e de compor as contradições.

Embora legítimo, o atendimento de todas as necessidades em um momento aflitivo pode pôr tudo a perder e inviabilizar a empresa.

Quando se mergulha em uma crise, é obvio que os bancos queiram reaver o capital investido na empresa o mais rápido possível e que os fornecedores busquem minimizar os riscos de calote, diminuindo o crédito, ao mesmo tempo que os funcionários procurem garantir seus postos de trabalho, que o fisco deseje regularidade fiscal e pontualidade no recolhimento dos impostos e que o controlador se interesse em retirar os lucros e dividendos da empresa.

Onde tudo falta e a escassez impera, isso é possível? Óbvio que não.

Assim, além da condução técnica do processo de recuperação da empresa, é necessário "gerir" os *interessados*, refazendo determinados acordos e ajustes, para que os compromissos possam ser honrados a partir de bases mais razoáveis para todas as partes envolvidas.

Como exemplo disso temos a necessidade de realinhar o passivo bancário, de renegociar as condições comerciais com os fornecedores, de diminuir a estrutura... Enfim, não há como fazer omelete sem quebrar os ovos...

A superação da crise exige, como foi dito, a "gestão" da comunidade de interessados, e o modo mais adequado para isso sempre reside na clareza e transparência das metas do processo de reestruturação, bem como na sua execução cotidiana.

Quando assim se procede, não raro se obtém a licença poética de traduzir *stakeholders* não somente por *interessados*, mas sim por "verdadeiros aliados".

ENCERRAMENTO

Crises e, consequentemente, todos os seus sintomas vão e vêm, é verdade. Elas atingem pequenas, médias ou grandes empresas, e podem ser debeladas mais facilmente ou não. Cada caso é único, pois sempre são diversas as variáveis a considerar.

Há empresários que avocam para si uma aura de "infalibilidade", consideram-se perfeitos na forma como conduzem sua companhia e inatingíveis pelas intempéries do mercado. "Crise é para os incompetentes", certamente observariam frente ao primeiro revés.

Excesso de confiança e inobservância de indicadores mínimos são fatores que levam muitas empresas a naufragar. Empresários que acreditam apenas em seus sentidos e na sua intuição estão mais propensos a falhas, muitas delas graves a ponto de comprometer os destinos de uma companhia.

Basicamente, não podemos crer apenas em nossos sentidos ou naquilo que é subjetivo. O leitor seguramente observou neste livro ilustrações que evidenciam, visualmente, como os olhos podem iludir olhos e cérebros, mas jamais alterar a realidade dos fatos

Ora, se até nossa visão pode se enganar, ser iludida, como podemos ter nos guiar por nossas inclinações, simpatias e intuições? Simplesmente, é impossível. No mundo real, além de embaralhar o caminho e impedir a percepção do certo e do errado, os aspectos subjetivos são pródigos em desencadear um sem fim de problemas para a empresa.

Sob este ponto de vista, o empresário nem sempre pode se contentar com o que parece óbvio aos seus olhos e ouvidos, mas sim mover-se com o apoio de elementos objetivos e saber interpretrar esses elementos.

A sensatez e a objetividade são ferramentas valiosas em qualquer circunstância. Deixar as paixões, simpatias e até mesmo os conflitos de lado constitui condição *sine qua non* para o sucesso.

Nua e cruamente dizendo: em momentos de crise faz-se necessário matar nossas paixões.

Afinal, já concordamos que administrar uma empresa é como conduzir um navio. Seja com tempo bom ou ruim, o capitão precisa ter discernimento para valer-se, além de sua experiência no mar, de instrumentos de precisão como bússola, radar e GPS, entre outros, com a finalidade de se orientar no imenso e nem sempre calmo oceano. Qualquer imprecisão, por mínima que seja, pode levar a embarcação a quilômetros da rota pretendida e correta.

ENCERRAMENTO

A verdade sempre deve prevalecer nas relações entre o empresário e o profissional contratado para tirar a companhia do fundo do poço, ainda que algumas palavras às vezes sejam duras e até difíceis de aceitar. Nessas ocasiões, nada melhor do que ter a humildade de saber ouvir, renunciando à tentação da soberba.

Ao gerir a empresa, o empreendedor deve escolher "ou isto ou aquilo" em vários momentos, opções que podem fazer a diferença entre uma organização financeiramente saudável, embasada em análises e elementos objetivos, e aquela que simplesmente empurra a operação com a barriga, mergulhada na subjetividade.

Espero, sinceramente, que este livro, assim como o anterior, tenha sido um alerta sobre aspectos fundamentais para o giro cotidiano das empresas e colaborado, de alguma forma, para abrir os olhos de muitos empresários, mostrando-lhes que, para salvar um negócio da crise, é preciso ir além, muito além, das boas intenções.

Para reverter o cenário desfavorável, é preciso possuir muita determinação, desprendimento, coragem e, principalmente, humildade para reconhecer suas limitações, mantendo a mente aberta e a disposição constante para, não apenas vencer uma batalha a cada instante, mas também para aprender uma nova lição a cada dia.

POSFÁCIO

O mundo acadêmico agradece

Sim, o mundo acadêmico agradece a importante colaboração que esta obra, engenhosamente escrita pelo amigo Artur Lopes, traz para o aprendizado teórico e prático na formação de empreendedores. Um livro pode ser classificado como ferramenta fundamental quando consegue indicar soluções realistas para os mais intrincados problemas e incentivar o debate.

Eis aqui um belo exemplo dessa causa. Entre seus grandes méritos está o de ocupar um espaço de destaque nesse tipo de literatura, atualmente com poucas opções confiáveis e tomado por publicações despidas de novas ideias.

Infelizmente, ainda existem autores preocupados exclusivamente com o retorno financeiro das vendas de exemplares e de palestras. Todavia, o que o empresário que recorre a esta literatura procura é algo diferente, colaborativo em todos os aspectos. É preciso cuidado para não se debruçar em conceitos – aplicáveis no papel – sem ter provado a verdadeira experiência de campo.

Nesse tipo de segmento, o leitor mais desatento precisa tomar cuidado. A diversidade de títulos é grande, o que não garante, infelizmente, uma boa leitura ao empresário. A pura difusão de ideias sobre gestão empresarial, sem lastro teórico e prático consistentes, é suficiente para prejudicar muitos daqueles que procuram respostas eficazes para suas maiores dúvidas.

Artur Lopes é uma exceção a todo esse "Festival de besteira que assola o país", como diria Stanislaw Ponte Preta, o nosso Sérgio Porto. Com a perspicácia de quem convive nesse conturbado ambiente há anos e já atuou em casos deveras complicados, ele aponta o problema e a solução. Busca a cura, mas também o antídoto para evitar a repetição de cenários negativos.

A obra amplia o espectro de visão do empresário, muitas vezes obstruída por não saber a real dimensão da crise enfrentada, seja por inexperiência administrativa, por incompetência ou por se cercar de profissionais inexperientes. Se isso não for resolvido rapidamente, cada decisão equivocada se refletirá na saúde financeira da empresa. Com lições úteis de gestão, este livro candidata-se a integrante das bibliotecas das faculdades brasileiras, e ousa, com merecimento, ser adotado como leitura para estudantes de cursos técnicos e de graduação, pós-graduação, mestrado e doutorado.

Negócios sem crise será utilizado como referência em trabalhos de conclusão de curso, dissertações e teses produzidos por alunos das áreas que abrangem o cenário empresarial, como administração, ciências contábeis, marketing e economia.

ANDRÉ MENEZES DE MELO
Presidente da Associação Comercial
e Empresarial de Osasco (ACEO)

AGRADECIMENTOS

Agradeço a Adelmo da Silva Emerenciano, Adriano Guelman, Alberlan Matos dos Santos, Alexandre Presbiteris, Almir e Sandra Bifulco, Ana Carolina Paiva Cruz, Ana Claudia de Brito da Silva, André Camargo, André Parodi, Antonio Augusto Mamede, Antonio Belinelo, Antonio Carlos Sobrinho, Antonio Daniele, Arsenio Plagliari Junior, Augusto Mendes, Augusto Sabadin, Augusto Salvadori Neto, Bethânia Placucci Bari, Bianca Almeida, CG, Camila Vieira, Carlito, Carlos Alfredo, Carlos Cornelio, Carlos Silva, Carlos Yasaka, Celso Prado, Celso Fraia, Cesar Santanella, Charles Behs, Charles Christiano, Cintia Bergamo, Cláudio Halaban, Clayton Lopes de Souza, Clito Fornaciari, Clovis de Oliveira, Cristina Alves Ferreira, Condecil Guimarães, Daniela Garcia, Daniele Teixeira F. Pedroso, Dario Alexandre, Debora K. Claro, Edmilson Estevão da Silva, Eduardo Lemos, Edson Lacerda de Caldas, Eliane Maria Braga, Eliane

Migliano, Elizabete Maria Bizinelli, Elton Scaccabarozi, Enrico Daniele, Ernane Resende, Estevam Santana, Ewerton Nunes, Fabia Moreira da Silva, Fabiana Henrique Lucena, Fabio Matos, Fábio Villas Boas, Fabio Pagnozzi, Fabio Zogbi, Fernanda Garcez, Fernando de Luizi, Fernando Maso, Fernando Mota, Flavio Cataldo, Flavio Vaini, Francisco Canazart, Francisco Benedito da Silveira Filho, Francisco Torralbo, Frederico Penteado Bisco, Geani Ferreira Valim, Gerson Prado, Giancarlo Dardi, Giovani Salomão, Gladinston Silvestrini, Gloria Escobosa Valejo, Guilherme Dias, Guivan Bueno, Gustavo Catenaci, Helio Wagner da Silveira, Henry Skitnevsky, Ivo Lodo, Jacques Nasser, Jango Ribeiro, Jeff Moda, João Caetano Magalhães, João Otavio Pimentel Feijo, Jonathan C. Saragossa, Jorge A. Gonçalves, José Carlos Pereira, José Cláudio Z. Bolognani, José Aldeni, José Gomes, José Luiz Pinto, Jose Luiz P. Vargas, Jose Magalhães Vilela, Jose Pivato, José Ricardo Costa, José Ricardo Risolia, Jose Roberto Faria Lima, José Theodoro, Jose Teruji Tamasato, Jovis Rubens de Carvalho, Juliana Medeiros da Silva, Julio K. Mandel, Klever Muller, Liege Ribeiro Pousa, Luciana Rodrigues, Luidg Alessandro Uchoa, Luciano Duarte de Souza, Luiz Carlos Pizone, Luiz Lopes, Luis Santi, Manoel Cardoso, Magno Pereira, Manoel e Iliria Pilisari, Marcelo Balan, Marcelo Camilo, Marcelo Freitas, Marcelo José Soares, Marco Antonio Papini, Marco e Kátia Machado, Marcos Costa, Marcos Bonfim, Marcos Costa, Marcos Henrique Martins, Mario Pagnozzi, Mary Jane Paiva, Mauricio Fernandes da Costa, Mauro Rocha, Milton Hummel, Miriam Matile, Mike Lu, Neide Erance, Nilton Ramos, Odair Vacco, Oscar Uehara, Osvaldo Pizano, Paquito, Paulo Calheiros, Paulo Macchia, Paulo Moreira Ruiz, Paulinho Sorriso, Pedro

AGRADECIMENTOS

Pagnozzi, Pepe Diaz Alencar de Melo, Rafael Duque Estrada, Raimundo Danés, Renato e Eduardo Mange, Ricardo Mesa, Renata Laureano Monteiro, Raquel Vetrano, Reginaldo Gomes Vieira, Rodolfo Preuss, Rogerio Diniz, Roberta e Roberto Vetrano, Ricardo Carratú, Ricardo Mesa, Ricardo Alexandre Luiz, Roberta de Campos Salles, Robson de Andrade Diogo, Robinson Leite, Romeu Bocutti Sobrinho, Rubens Harb Boullos, Sandra Regina Ferreira, Samuel Garson, Sandra Regina de Oliveira Silva, Sebastião Luiz da Silva, Sergio Sannicola, Sergio Fernandes, Sidney Barone, Silvia Costa, Silvestre Solak, Simone Ferrarezi, Simone Penha, Sonia Brito Marques, Sydney Marques Paiva, Valter Coltro, Vanessa Infantini Vilela, Viviane de Paula Souza Cavalcanti, Viviane Serra, Wagner Araújo, Wagner Barbero, Wagner Fonseca e Wagner Marques da Silva Walter Lazaro pela confiança e amizade.

Não quero queijo nem a faca, quero a fome.
ADÉLIA PRADO